子どもの手芸
アイロンビーズ

ひとりでできる！ For Kids!!

著 寺西 恵里子
Eriko Teranishi

日東書院

CONTENTS

- **4** はじめに・・・
- **5** 用意するもの

- **20** 男の子の好きなモチーフ

- **6** かわいい花

- **24** かわいい動物

- **10** 楽しいおやつタイム

- **28** ハロウィン

- **14** カラフルフルーツ

- **29** クリスマス
- **18** 女の子の好きなモチーフ

32 立体(りったい)ボックス

44 かわいいアクセサリー

36 ストライプのペンスタンド

48 ママと一緒(いっしょ)に！アクセサリー

38 モチーフつきフォトスタンド

52 キュートなヘアこもの

40 憧(あこが)れのドールハウス

54 アイロンしないブレスレット

● この本(ほん)の素材(そざい)/プレートは
クラフトハートトーカイ（藤久株式会社(ふじきゅうかぶしきがいしゃ)）の
ものを使用(しよう)しています。

はじめに・・・

プレートに並べて、
アイロンをかけると
くっついてしまう！

そのカラフルさと、かわいさに
初めて見たときの驚きを
今でも覚えています。

小さな1つのアイロンビーズから
広がる世界は大きくて‥‥

並べる楽しさ、
絵ができるおもしろさ、
くっつく楽しさ、
使える嬉しさ！

いろいろな感情があふれ
いろいろなものが作れます。

さあ、1つ作ってみましょう！
できたら、飾ったり使ったりして
手作りの楽しさを味わってください。

小さな作品に
大きな願いを込めて…

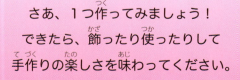

寺西恵里子

用意するもの

材料や用具は、そろえてから始めましょう。

アイロン
アイロンは、必ず大人の人と一緒にやりましょう。

アイロンシート
紙とキラキラにする透明なシートがあります。

アイロンビーズ
いろいろな色があります。大きさも2タイプあります。

ピンセット
アイロンビーズ用のものが便利です。

プレート
スクエア、ラウンド、六角、ハート、星など大きさに合わせていろいろあります。

100個

アイロンビーズの数について
5㎝角で100個です。
小さいビーズは3㎝角で100個です。

かわいい花

アイロンビーズのカラフルな色がポイント！
とってもかわいいお花です。

フラワーリース

グリーンの輪にのせるだけ！
壁に飾っても。

図案 P.8

P.7 Flowerの作り方

花A

材料

[ビーズ]
- ○ Lピンク　● ピンク(ミックス)
- ● イエロー　○ シロ

用具

[六角プレート]

[ピンセット]
[アイロンシート] 光るタイプ

図案

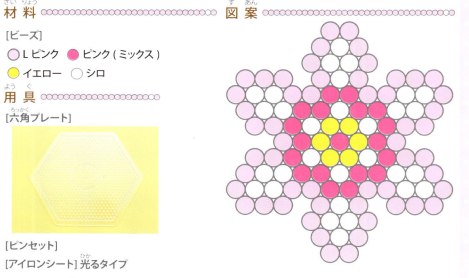

1 プレートにアイロンビーズを並べます。

1 中心にピンクのビーズを置きます。

2 イエロー、白、ピンクの順に並べます。

3 白を並べます。

4 ③のまわりに、Lピンクを並べます。

2 アイロンで溶かしてくっつけます。

1 アイロンシートをのせます。（光るタイプのシートです）

2 中温のアイロンで様子を見ながら、少しづつかけます。

3 全体がくっついたら、プレートからアイロンシートごと外します。

4 アイロンシートをはがして、裏返します。

紙のアイロンシートの場合

同じようにのせて、アイロンをかけます。
全体がくっついたら、裏返して、もう一度アイロンをかけます。

5 上にアイロンシートをのせ、アイロンをかけます。

6 くっついたら、平らなもので押さえます。

7 アイロンシートを外します。

8 できあがりです。

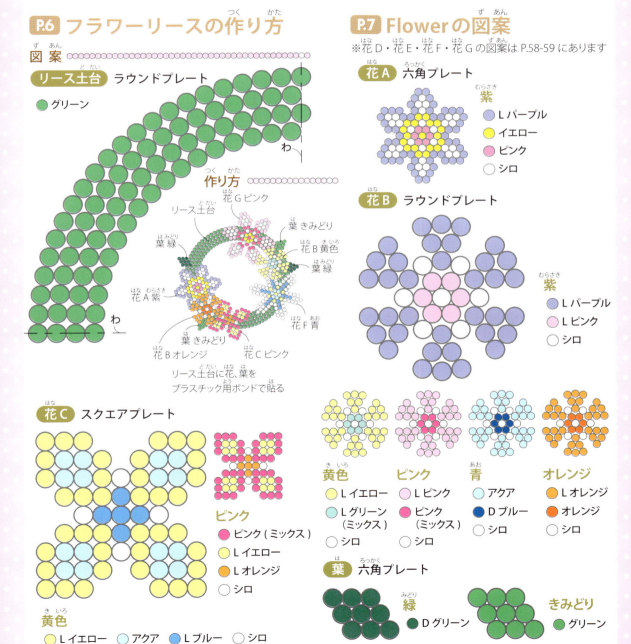

P.6 フラワーリースの作り方

図案
リース土台 ラウンドプレート
- グリーン

作り方
リース土台に花、葉をプラスチック用ボンドで貼る

- 花 G ピンク
- リース土台
- 葉 きみどり
- 花 B 黄色
- 葉 緑
- 花 F 青
- 花 C ピンク
- 葉 きみどり
- 花 B オレンジ
- 花 A 紫
- 葉 緑

P.7 Flowerの図案
※花D・花E・花F・花Gの図案はP.58-59にあります

花A 六角プレート
紫
- L パープル
- イエロー
- ピンク
- シロ

花B ラウンドプレート
紫
- L パープル
- L ピンク
- シロ

花C スクエアプレート
ピンク
- ピンク（ミックス）
- L イエロー
- L オレンジ
- シロ

黄色
- L イエロー
- アクア
- L ブルー
- シロ

黄色
- L イエロー
- L グリーン（ミックス）
- シロ

ピンク
- L ピンク
- ピンク（ミックス）
- シロ

青
- アクア
- D ブルー
- シロ

オレンジ
- L オレンジ
- オレンジ
- シロ

葉 六角プレート

緑
- D グリーン

きみどり
- グリーン

楽しいおやつタイム

ケーキからジュースまで
おやつタイムをアイロンビーズで！

キャンディ＆アイス

リボンがポイントです。

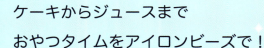

ジュース

透明ビーズが
おしゃれなジュースに！

図案 P.12

Sweets いろいろ
並べるだけでもかわいいお菓子です。

図案 ○ P.13

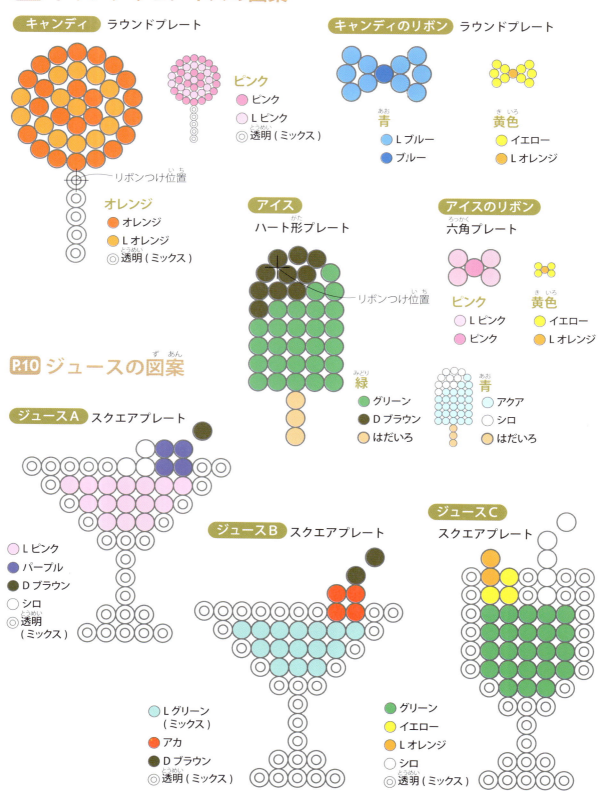

カラフルフルーツ

ビタミンカラーでかわいいフルーツ！
好きなフルーツから作りましょう。

フルーツコースター

プレゼントしても喜ばれる
使えるアイロンビーズです。

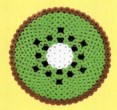

図案 ◯ P.16,60

P.14 フルーツコースターの図案 ※すいかの図案は P.60 にあります

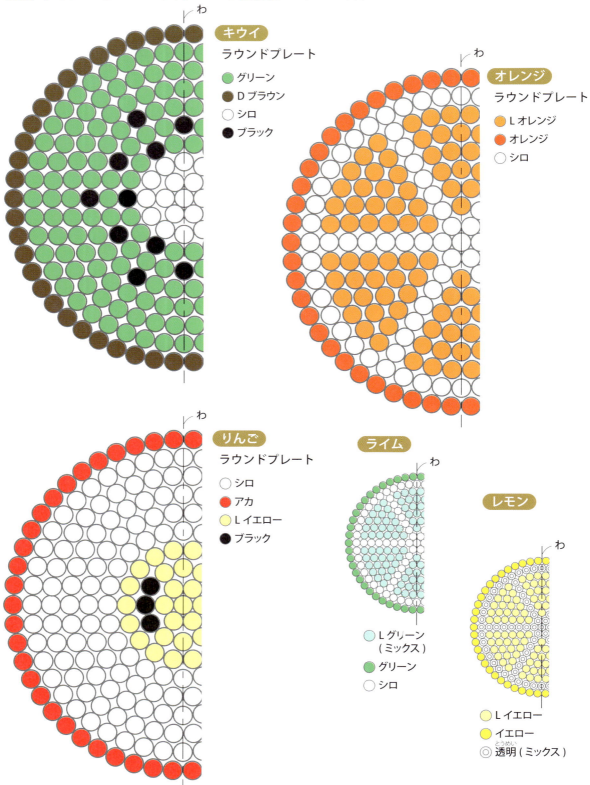

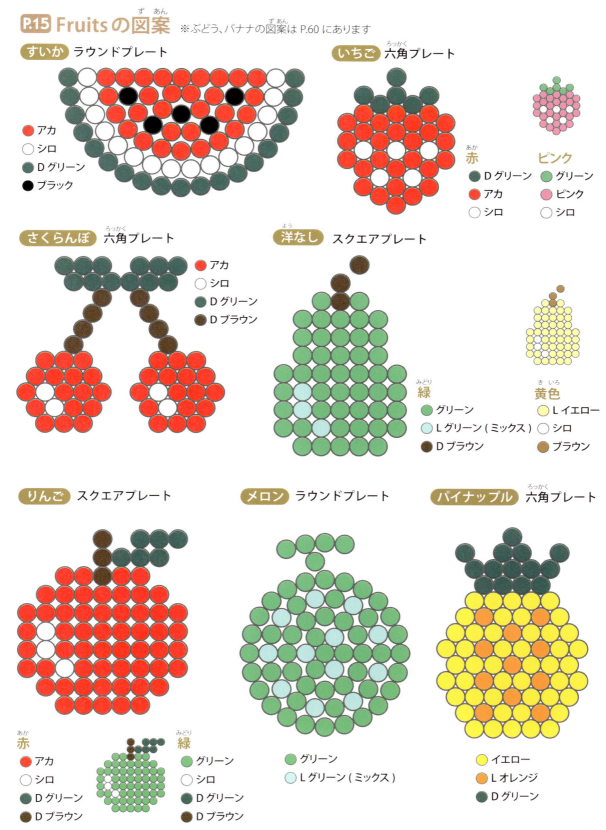

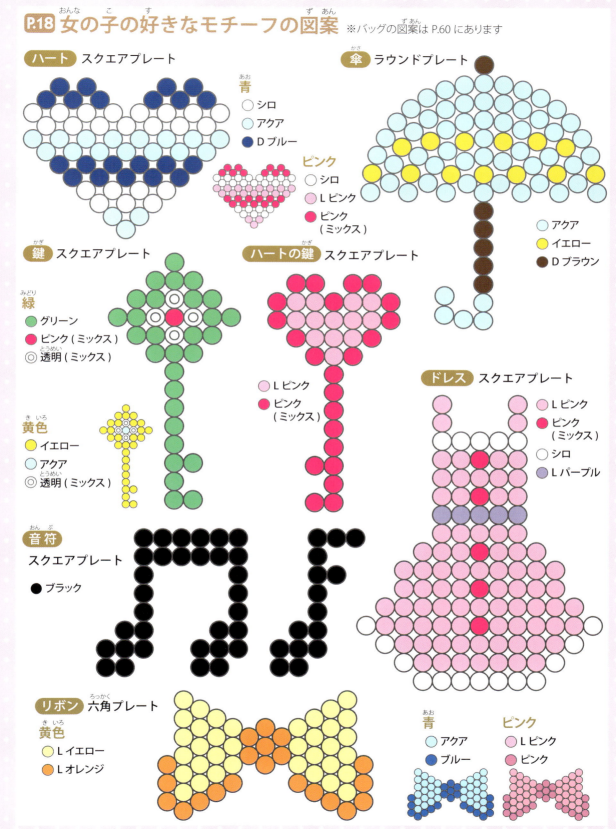

男の子の好きなモチーフ

乗り物に恐竜‥‥
作ったら、ごっこ遊びがはじまりそう！

乗り物

船

図案 ○ P.61

色を自由に替えて、たくさん作っても！

自動車

図案 ○ P.22,61

新幹線

図案 ○ P.61

恐竜

好きな色で作ってもいいですね。

図案 ● P.23

恐竜コースター

グラスをどけたら恐竜が！
楽しいコースターです。

図案 ● P.62

P.20 乗り物の図案

※船・二階建てバス・新幹線の図案はP.61にあります

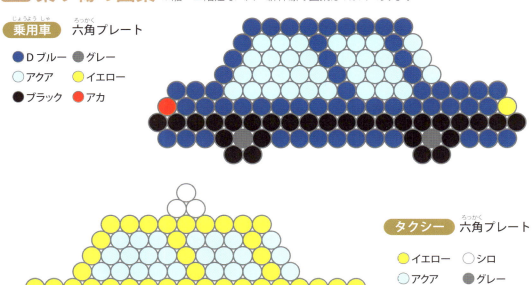

乗用車　六角プレート
- Dブルー
- グレー
- アクア
- イエロー
- ブラック
- アカ

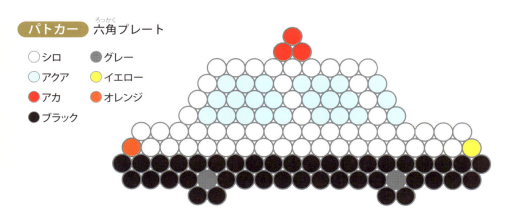

タクシー　六角プレート
- イエロー
- シロ
- アクア
- グレー
- ブラック
- オレンジ

パトカー　六角プレート
- シロ
- グレー
- アクア
- イエロー
- アカ
- オレンジ
- ブラック

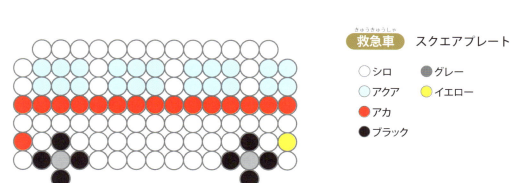

救急車　スクエアプレート
- シロ
- グレー
- アクア
- イエロー
- アカ
- ブラック

P.21 恐竜の図案

※恐竜コースターの図案は P.62 にあります

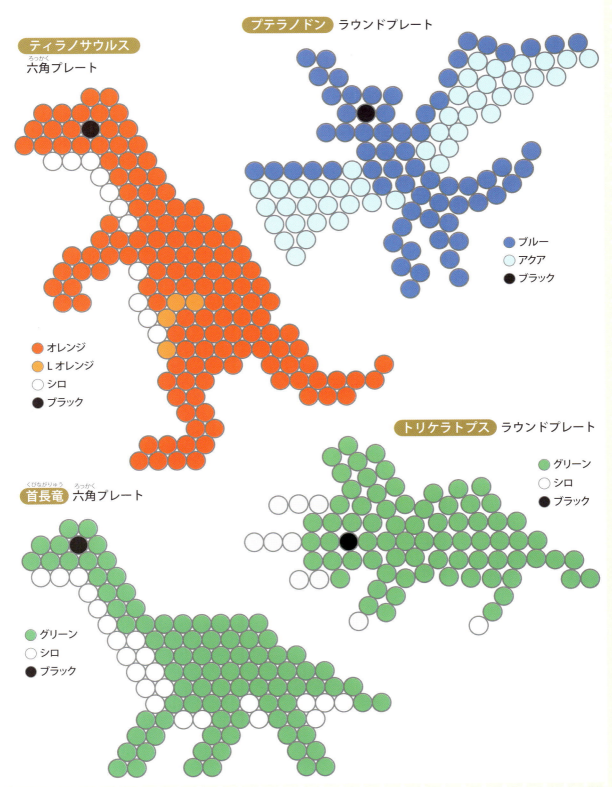

かわいい動物

ちょっと個性のある
かわいい動物たちです。
作ったら、飾りましょう！

鳥のモビール

ストローに下げるだけで
簡単に作れます。

図案 ○ P.63

スタンド動物

立たせるとよりかわいくなります！

図案 ○ P.26

Animal いろいろ

カードに貼ってもいいですね。

Happy Birthday

図案 ◎ P.27,62

25

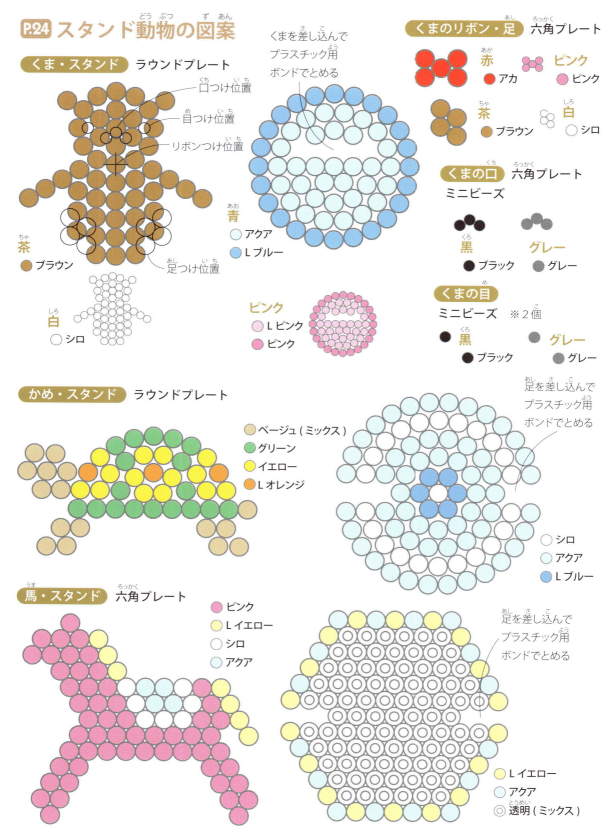

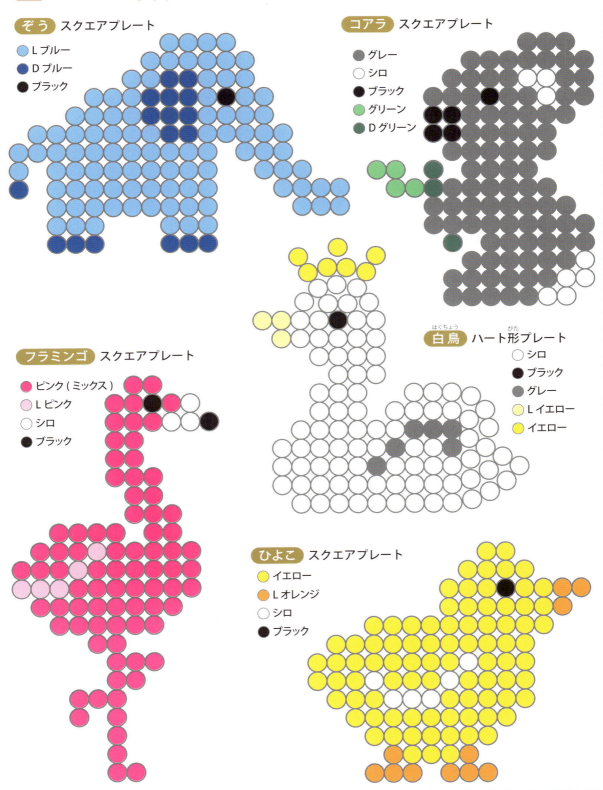

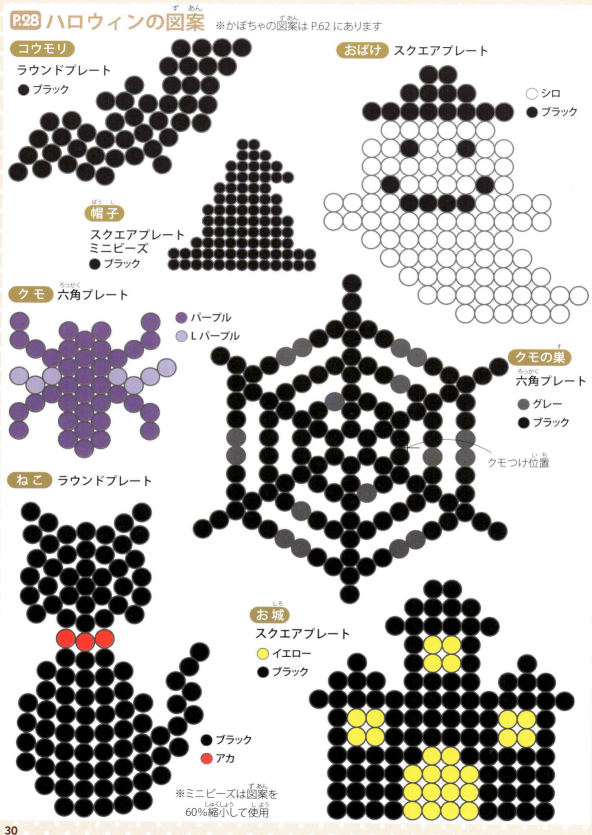

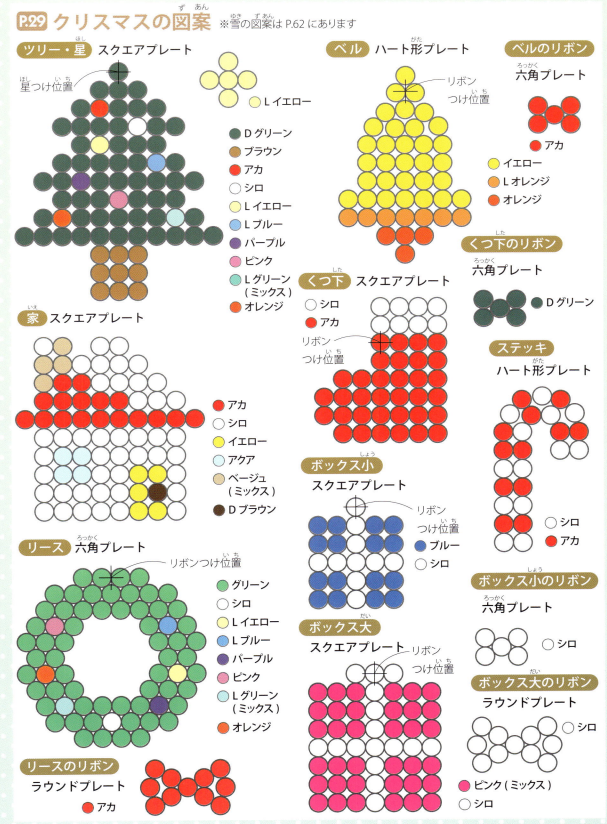

立体ボックス

はめ込み式のボックスです。
小さなプレゼントを入れて！

中にキャンディを入れて
プレゼントしても。

立体ボックスの作り方

ピンクの立体ボックス

材料
- Lピンク
- ピンク（ミックス）

図案

取手

用具
[スクエアプレート]

[ピンセット]

[アイロンシート] 光るタイプ

作り方

1 プレートにアイロンビーズを並べます。

四角くビーズを並べます。
（凹部分にもビーズを置き、四角に並べます）

図案通りに凹部分のビーズを取り除きます。

側面と底のビーズを取り、並べ終わりです。

凸凹のある形を作るときは・・・・

凸凹にいきなり並べると、間違えやすいので、先に飛び出した方の大きさで四角に並べます。側面を並べて左右の凸凹の組み合わせを確認しながらビーズを取ると、間違えにくいです。

側面B

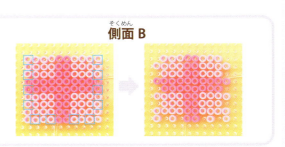

2 アイロンで溶かしてくっつけます。

1
アイロンシートをのせ、中温のアイロンをかけます。（光るタイプのシートです）

2
両面アイロンをかけて、くっつけます。

組み合わせるには、ビーズに厚みが必要です。厚さが4mmくらいになるようにします。

3 組み合わせます。

1
側面A・Bの凸凹を合わせます。

2
そのまま押し込んで、2枚をつなげます。

3
同じように4枚の側面をつなげます。

4
底に側面をのせて、つなげます。

5
ボックスができました。

4 取手をつけます。

1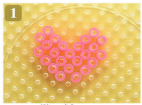
ハート型に並べてアイロンをかけ、パーツを作ります。

2
プラスチック用ボンドでふたに貼ります。

3
できあがりです。

青い立体ボックス・取手
スクエアプレート

○ アクア
● Dブルー

取手

側面A ※2個作る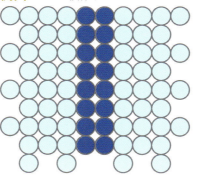

側面B ※2個作る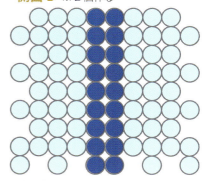

P.32 立体ボックスの図案

黄色の立体ボックス
スクエアプレート

- ○ シロ
- ● イエロー

黄色の立体ボックスの取手
六角プレート

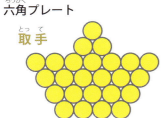
取手

側面A ※2個作る
側面B ※2個作る

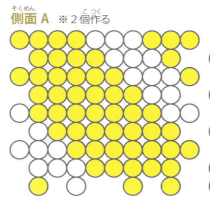
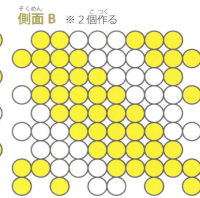

底
ふた　取手つけ位置

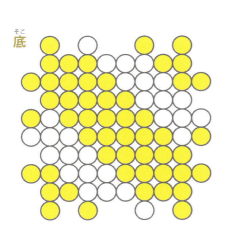
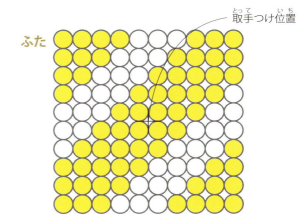

底
ふた　取手つけ位置

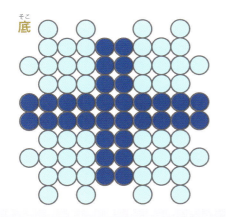
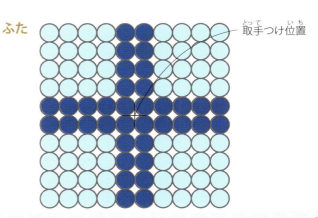

ストライプのペンスタンド

好きなストライプで作りましょう！
モチーフも好きなものをつけてもいいですね。

ストライプのペンスタンドの作り方

図案

緑のペンスタンド　スクエアプレート

- ● グリーン
- ● D ブルー
- ◎ 透明（ミックス）

側面 A　※2個作る　わ

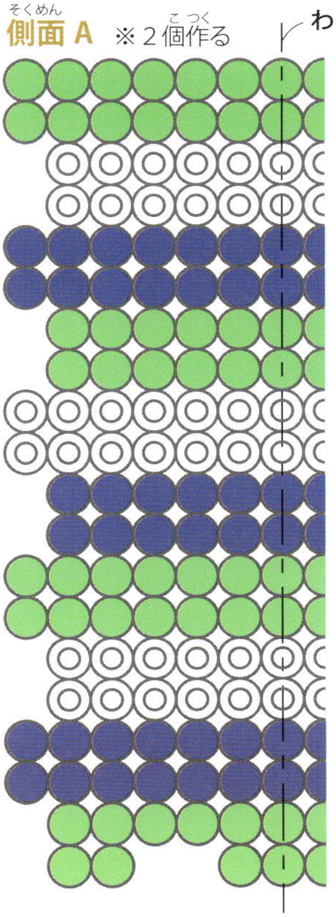

側面 B　※2個作る　わ

底　わ

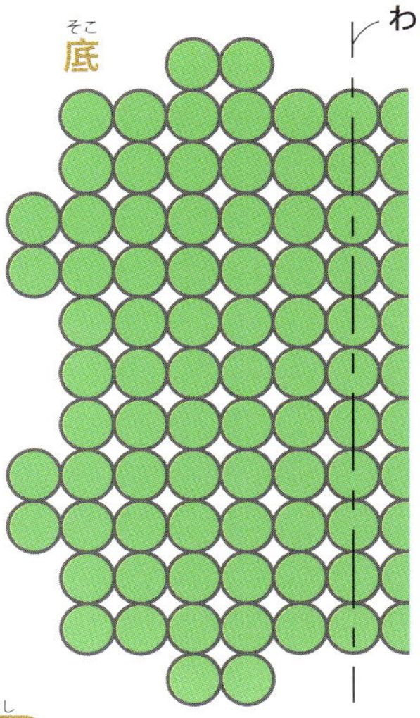

星

六角プレート

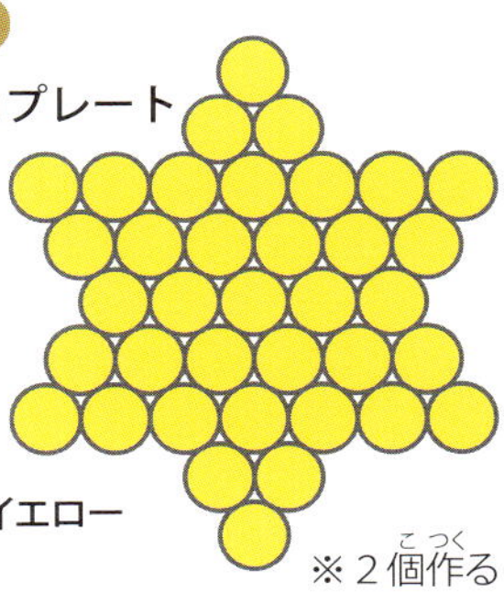

- ● イエロー

※2個作る

ピンクのペンスタンド　スクエアプレート

側面 A　※2個作る

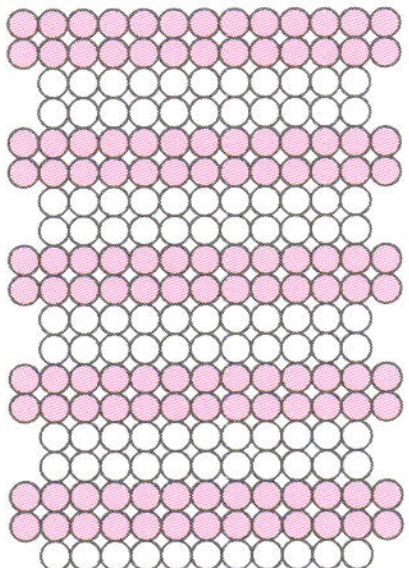

側面 B　※2個作る

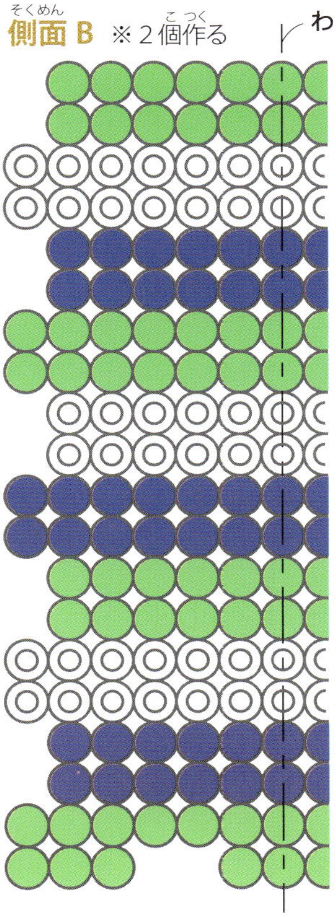

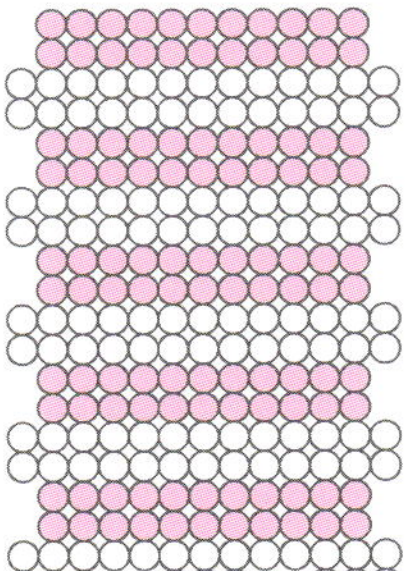

底

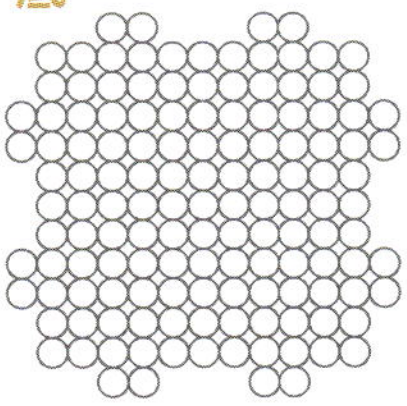

- ● L ピンク
- ○ シロ

ハート

- ● ピンク（ミックス） 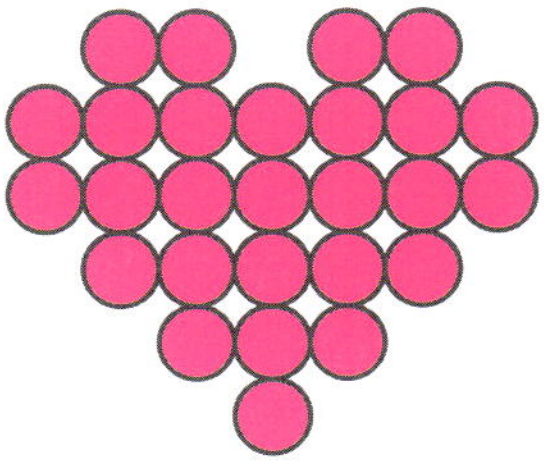
- ● L パープル

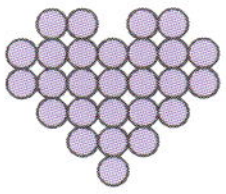

作り方

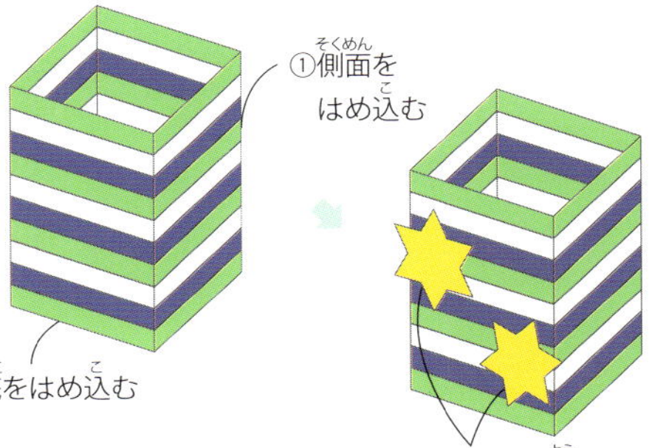

①側面をはめ込む

②底をはめ込む

プラスチック用ボンドで貼る

プラスチック用ボンドで貼る

37

モチーフつきフォトスタンド

フレームを作ったら
かわいいモチーフをつけるのがポイント！

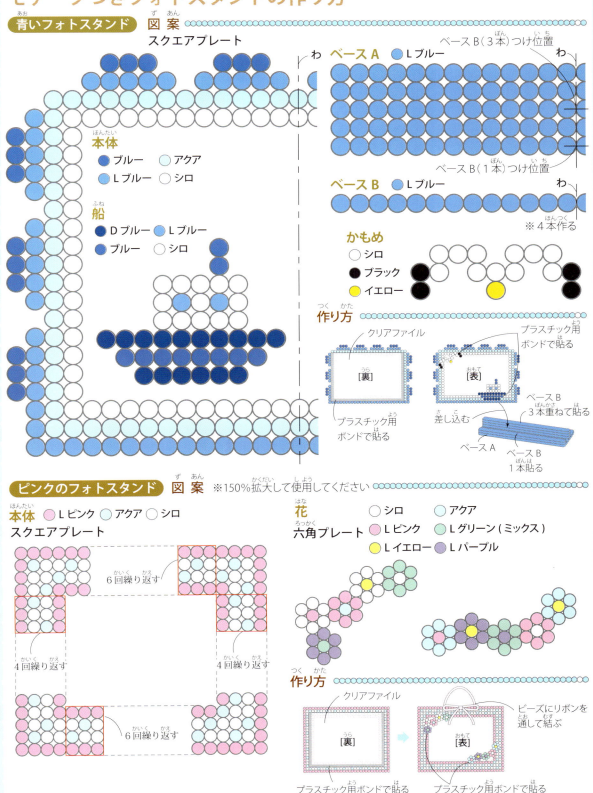

憧れのドールハウス

小さな家具を作って
自分のお部屋を作りましょう！

図案 ● P.42

40

ピンクにブルーにパープル
色選びも楽しんで！

41

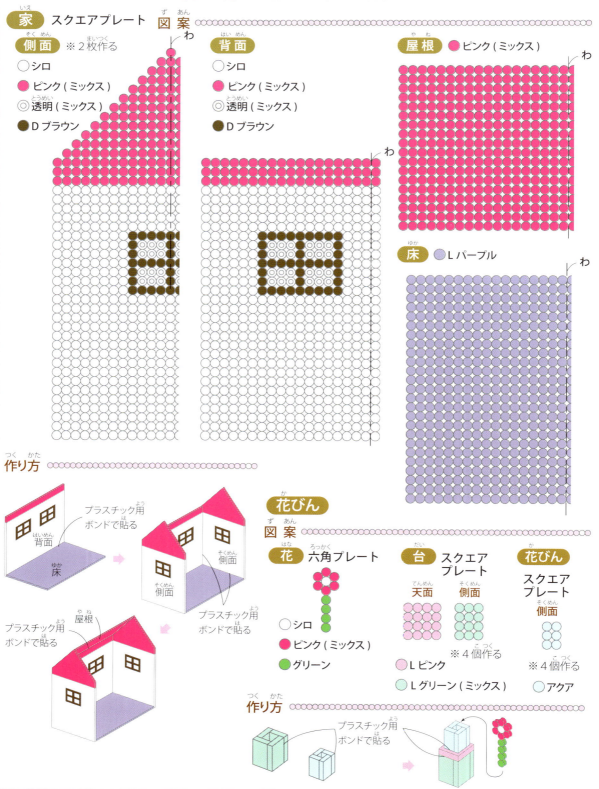

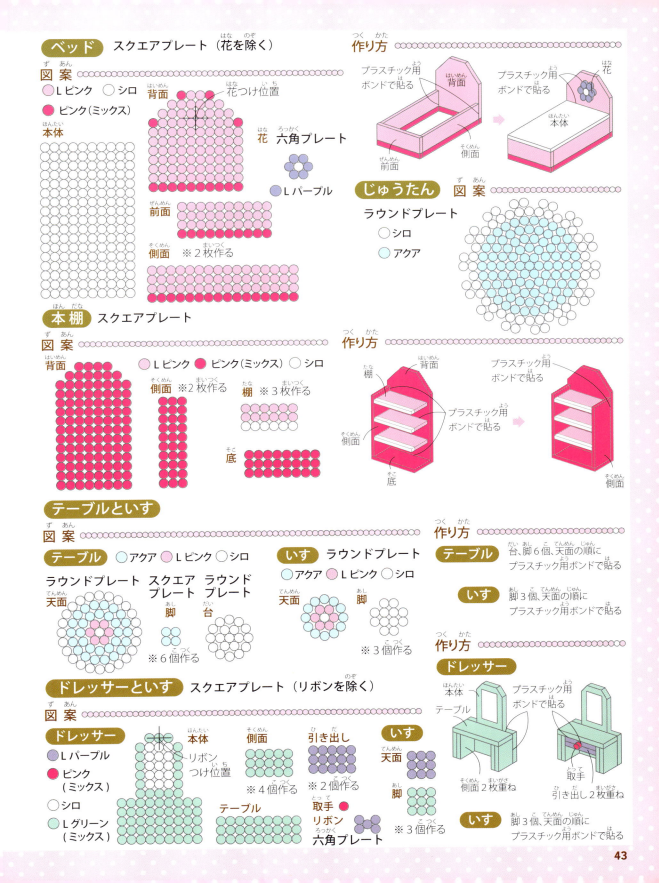

かわいいアクセサリー

アイロンビーズがアクセサリーに！
たくさん作って、プレゼントにも。

リボンネックレス
色の組み合わせがポイント！

ハートのキーチェーン
3枚のハートがかわいいですね。

作り方 P.46

P.44 リボンネックレスの作り方

材料
25cmチェーン：2本
3.5mm丸カン：2個
6mm丸カン：6個
9ピン：4個
パールビーズ：4個
カニカン：1個
5cmアジャスター：1個

図案

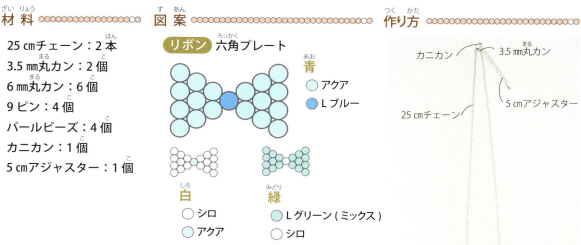

作り方

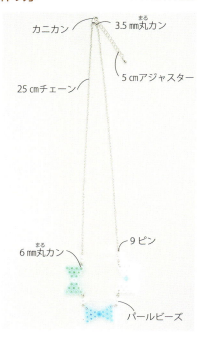

P.44 ハートのキーチェーンの作り方

材料
キーホルダー：1個
6mm丸カン：3個
8mm丸カン：3個

P.45 お花のアクセサリーの作り方

ブレスレット

材料
8mm丸カン：13個
カニカン：1個
ダルマカン：1個

図案
花　六角プレート

ピンク
● ピンク(ミックス)
○ Lイエロー

※各4個作る

紫
● Lパープル
○ Lイエロー

白
○ シロ
○ Lイエロー

作り方

ダルマカン　カニカン
8mm丸カン

ネックレス

材料
25cmチェーン：2本
3.5cm丸カン：2個
6mm丸カン：2個
8mm丸カン：6個
カニカン：1個
5cmアジャスター：1個
アイロンビーズ(グリーン)：6個

図案
花　六角プレート

ピンク
● ピンク(ミックス)
● イエロー

※3個作る

紫
● Lパープル
○ Lイエロー
※2個作る

白
○ シロ
○ Lイエロー
※2個作る

作り方

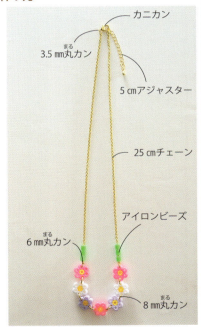

カニカン
3.5cm丸カン
5cmアジャスター
25cmチェーン
アイロンビーズ
6mm丸カン
8mm丸カン

ゆびわ

図案
花　六角プレート

ピンク
● ピンク(ミックス)
○ Lイエロー

紫
● Lパープル
○ Lイエロー

白
○ シロ
○ Lイエロー

作り方

プラスチック用ボンドで貼る

リング　ラウンドプレート

● グリーン

※3個作る

47

ママと一緒に！アクセサリー

ママとお揃いで使える大人かわいいアクセサリーです。

お花とクローバーのピアス

小さいアイロンビーズです。

クッキーキーホルダー

親子でお揃いで持ってもいいですね。

丸がかわいいネックレス＆イヤリング

シンプルがかわいいですね。

作り方 ● P.50

エッフェル塔のキーチェーン

テリアもつけて
おしゃれなセットで！

ミニビーズアクセサリー

お花やリボンやめがね
ミニビーズで作りましょう！

作り方 ◯ P.51,59

P.48 お花とクローバーのピアスの作り方

お花のピアス

材料
- ピアスパーツ：1組
- 3.5mm丸カン：4個
- Tピン：2個
- パールビーズ：2個

図案
ミニビーズ
六角プレート

- ○ シロ
- ● Dブルー
- ● アカ
- ● Lイエロー
- ● グリーン

※2個作る

作り方

ピアスパーツ／プラスチック用ボンドで貼る／3.5mm丸カン／Tピン／パールビーズ

クローバーのピアス

材料
- ピアスパーツ：1組
- 3.5mm丸カン：6個
- 9ピン：2個
- スワロフスキービーズ：6個

図案
ミニビーズ
スクエアプレート

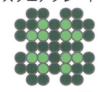

- ● グリーン
- ● Dグリーン

※2個作る

作り方

ピアスパーツ／スワロフスキービーズ／3.5mm丸カン／9ピン

P.48 クッキーキーホルダーの作り方

材料
- キーホルダー：各1個
- 3.5mm丸カン：各4個
- 6mm丸カン：各1個
- 9ピン：各2個
- ヒートン：各3個
- カニカン：各1個
- パールビーズ：各2個

図案
ラウンドプレート

<クッキー>
- ● Dブラウン…A
- ● ブラウン…B

※各2個作る

クッキー／クリーム／プラスチック用ボンドで貼る

<クリーム>
- ○ 白(上)…A
- ● パープル…A
- ● イエロー(上)…B
- ● Lパープル…B

作り方

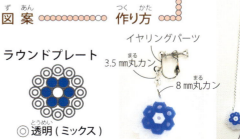

A／キーホルダー／6mm丸カン／Dブラウン／カニカン／ヒートン／Dブラウン／パールビーズ／イエロー／3.5mm丸カン／9ピン／パープル

P.48 丸がかわいいネックレス＆イヤリングの作り方

材料

ネックレス
- 25cmチェーン：2本
- 3.5mm丸カン：2個
- 8mm丸カン：4個
- カニカン：1個
- 5cmアジャスター：1個

イヤリング
- イヤリングパーツ：1組
- 3.5mm丸カン：4個
- 8mm丸カン：2個

図案
ラウンドプレート

- ◎ 透明(ミックス)
- ● Dブルー
- ○ シロ　※5個作る

作り方

5cmアジャスター／カニカン／25cmチェーン／3.5mm丸カン／イヤリングパーツ／3.5mm丸カン／8mm丸カン／8mm丸カン

P.49 エッフェル塔のキーチェーンの作り方

P.49 ミニビーズアクセサリーの作り方 ※ネックレスの作り方はP.59にあります

キュートなヘアこもの

楽（たの）しく作（つく）って、つけましょう！
明（あか）るく華（はな）やかに！

三角（さんかく）セット

ヘアピンにヘアゴム、
三角（さんかく）の組（く）み合（あ）わせで！

バレッタとハートピン

金具（かなぐ）を貼（は）るだけで簡単（かんたん）です。

三角セットの作り方

バレッタとハートピンの作り方

アイロンしないブレスレット

伸びるテグスを通すだけ！
好きな色で作りましょう。

アイロンしないブレスレットの作り方

ピンクのお花のブレスレット

材料

[ビーズ]
- 🟡 イエロー
- 🟥 ピンク (ミックス)
- ◎ 透明 (ミックス)

[伸びるテグス] 150cm

図案

はじめの同じ記号のビーズに通して、糸を結ぶ。

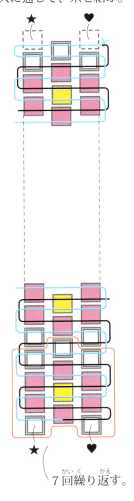

7回繰り返す。

作り方

1 作りはじめから一模様作ります。

テグスの中心にビーズを3個通します。

右のテグスに、＜新しいビーズ、真ん中のビーズ、新しいビーズ＞の順に通します。

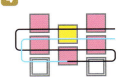

左のテグスに、＜右端のビーズ、新しいビーズ、左端のビーズ＞の順に通します。

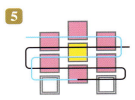

右のテグスを**2**と同じように通します。

左のテグスを**3**と同じように通します。お花ができました。

2 編みます。

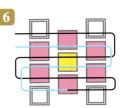

右のテグスを**2**と同じように通します。

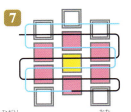

左のテグスを**3**と同じように通し、一模様できました。

7回繰り返し、模様を全部で8個編みます。

3 終わりの始末をします。

最後は、編み始めのビーズに通します。

左右のテグスを結びます。

できあがりです。

P.54 アイロンしないブレスレットの作り方

カラフルなストライプのブレスレット

材料

[ビーズ]
- L パープル ● パープル
- ● ピンク(ミックス)
- ○ シロ

[伸びるテグス] 180cm

図案

はじめの同じ記号のビーズに通して、糸を結ぶ。

7回繰り返す。

作り方

1 作りはじめから一模様作ります。

テグスの端を10cm残してとめ、ビーズを4個通します。

テグスに、＜新しいビーズ、前の段のビース、新しいビーズ、前の段のビーズ＞の順に通します。

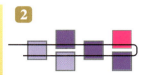

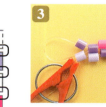
テグスに、＜新しいビーズ、前の段のビース、新しいビーズ、前の段のビーズ＞の順に通します。

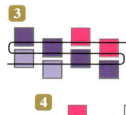

テグスを 2 と同じように通します。

テグスを 3 と同じように通します。

テグスを 2 と同じように通し、一模様できました。

2、3 を7回繰り返し、模様を全部で8個編みます。

2 終わりの始末をします。

最後は、編み始めのビーズに通します。

左右のテグスを結びます。

できあがりです。

紺と白のブレスレット
※作り方は P.56 と同じ

材料

[ビーズ]
- ○ シロ　● D ブルー

[伸びるテグス] 180cm

図案

はじめの同じ記号のビーズに通して、糸を結ぶ。

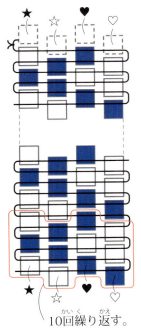

10回繰り返す。

ブルーのストライプのブレスレット
※作り方は P.56 と同じ

材料

[ビーズ]
- ○ アクア　◎ 透明(ミックス)

[伸びるテグス] 180cm

図案

はじめの同じ記号のビーズに通して、糸を結ぶ。

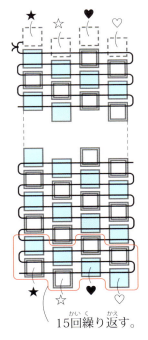

15回繰り返す。

緑のお花のブレスレット
※作り方は P.55 と同じ

材料

[ビーズ]
- ● イエロー　● L ピンク
- ● グリーン　● アクア

[伸びるテグス] 150cm

図案

はじめの同じ記号のビーズに通して、糸を結ぶ。

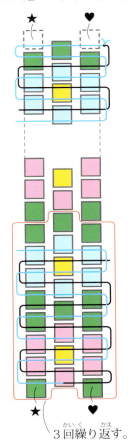

3回繰り返す。

P.9 Flower の図案

花D 六角プレート

ピンク
- ○ L ピンク
- ● ピンク
- ○ L イエロー
- ○ シロ

オレンジ
- ● L オレンジ
- ● オレンジ
- ○ L グリーン (ミックス)
- ○ シロ

花E 六角プレート

黄色
- ● イエロー
- ● L パープル
- ○ アクア
- ○ シロ

ピンク
- ○ L ピンク
- ○ L イエロー
- ○ L グリーン (ミックス)
- ○ シロ

花F ラウンドプレート

ピンク
- ● ピンク
- ● L パープル
- ○ L イエロー
- ○ シロ

青
- ● L ブルー
- ○ アクア
- ○ L イエロー
- ○ シロ

「わ」とは・・・・

左右対称形の対称軸のことです。

わ

花G ラウンドプレート

ピンク
- L ピンク
- ピンク(ミックス)
- イエロー
- シロ

青
- アクア
- ブルー
- L イエロー
- シロ

P.49 ミニビーズアクセサリーの作り方

ネックレス

材料

めがね スクエアプレート
- 25cmチェーン：2本
- 3.5mm丸カン：8個
- カニカン：1個
- 5cmアジャスター：1個
- 9ピン：2個
- パールビーズ：2個
- スワロフスキービーズ：2個

図案 ミニビーズ
- アカ

作り方
- カニカン
- 3.5mm丸カン
- 25cmチェーン
- 5cmアジャスター
- パールビーズ
- スワロフスキービーズ
- 9ピン
- 3.5mm丸カン

材料

リボン スクエアプレート
- 25cmチェーン：2本
- 3.5mm丸カン：8個
- カニカン：1個
- 5cmアジャスター：1個
- 9ピン：4個
- パールビーズ：4個

図案 ミニビーズ
- ピンク
- シロ

作り方
- 3.5mm丸カン
- パールビーズ
- 9ピン

※上部はめがねと同じ

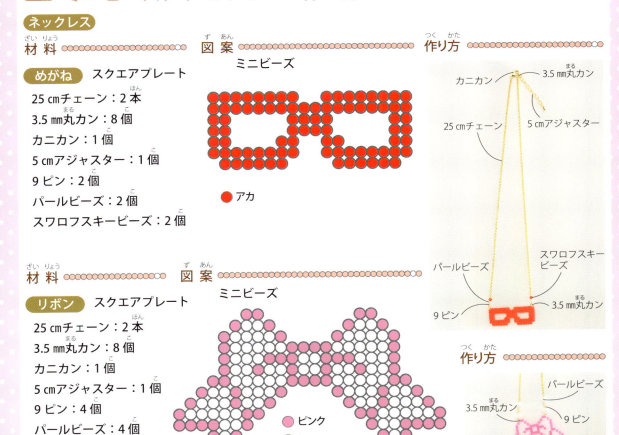

P.14 フルーツコースターの図案

P.15 Fruitsの図案

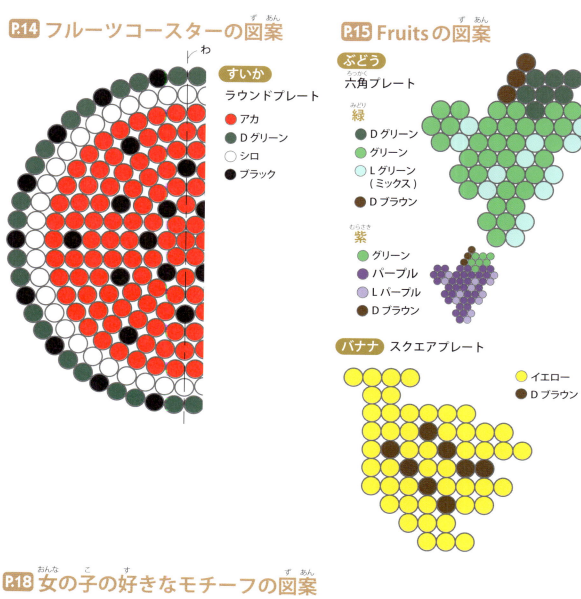

P.18 女の子の好きなモチーフの図案

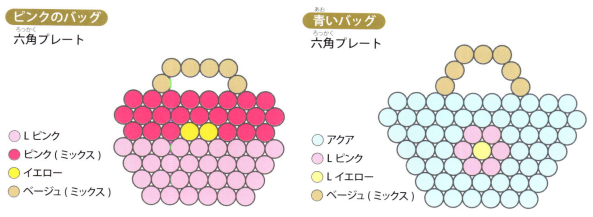

P.20 乗り物の図案

二階建てバス
スクエアプレート

- 🔴 アカ
- ⚪ アクア
- 🟡 イエロー
- ⚫ ブラック
- ⚫ グレー
- ⚪ シロ
- 🟠 オレンジ

船 スクエアプレート

- ⚫ グレー
- ⚪ アクア
- 🔴 アカ
- ⚪ シロ
- ⚫ ブラック

新幹線 スクエアプレート

- ⚪ シロ
- 🔵 D ブルー
- 🟡 L イエロー
- ⚫ ブラック
- 🔴 アカ

61

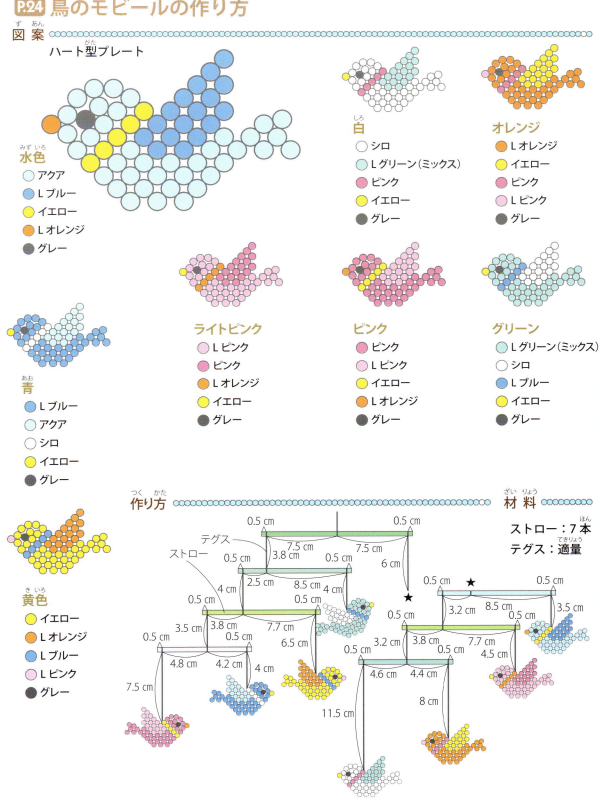

■ 著者プロフィール ■

寺西 恵里子　てらにし えりこ

（株）サンリオに勤務し、子ども向けの商品の企画デザインを担当。退社後も"HAPPINESS FOR KIDS"をテーマに手芸、料理、工作を中心に手作りのある生活を幅広くプロデュース。その創作活動の場は、実用書、女性誌、子ども雑誌、テレビと多方面に広がり、手作りを提案する著作物は550冊を超え、ギネス申請中。

寺西恵里子の本

『フェルトで作るお菓子』『かんたん！かわいい！ひとりでできる！ゆびあみ』（小社刊）
『楽しいハロウィン コスチューム＆グッズ』（辰巳出版）
『0・1・2歳のあそびと環境』（フレーベル館）
『365日子どもが夢中になるあそび』（祥伝社）
『3歳からのお手伝い』（河出書房新社）
『猫モチーフのかわいいアクセサリーとこもの』（ブティック社）
『きれい色糸のかぎ針あみモチーフ小物』（主婦の友社）
『はじめての編み物 全4巻』（汐文社）
『30分でできる! かわいい うで編み＆ゆび編み』（PHP研究所）
『チラシで作るバスケット』（NHK出版）
『かんたん手芸5 毛糸で作ろう』（小峰書店）
『リラックマのあみぐるみ with サンエックスの人気キャラ』（主婦と生活社）
『ハンドメイドレクで元気! 手づくり雑貨』（朝日新聞出版）

■ 協賛メーカー ■

この本に掲載しました作品は藤久株式会社の製品を使用しています。
素材・プレートのお問い合わせは下記へお願いします。

クラフトハートトーカイ（藤久株式会社）

名古屋市名東区高社一丁目210番地

クラフトタウン　http://www.crafttown.jp/

■ スタッフ ■

撮影　奥谷 仁
デザイン　ネクサスデザイン
作品制作　池田 直子　奈良 縁里　関 亜紀子　室井 佑季子　YU-KI
図案トレース　澤田 瞳
進行　鏑木 香緒里

ひとりでできる！　For Kids!!
子どもの手芸　アイロンビーズ

2016年8月10日 初版第1刷発行
2020年7月15日 初版第5刷発行

著者　●寺西 恵里子
発行者　●廣瀬 和二
発行所　●株式会社 日東書院本社　〒160-0022　東京都新宿区新宿2丁目15番14号 辰巳ビル
TEL ●03-5360-7522（代表）FAX ●03-5360-8951（販売部）
振替　00180-0-705733　URL ●http://www.TG-NET.co.jp
印刷　大日本印刷株式会社　製本　株式会社セイコーバインダリー

本書の無断複写複製（コピー）は、著作権法上での例外を除き、著作者、出版社の権利侵害となります。
乱丁・落丁はお取り替えいたします。小社販売部までご連絡ください。

© Eriko Teranishi 2016, Printed in Japan　ISBN 978-4-528-02111-2　C2077